LOI

ÉLECTORALE

PAR UN

CONSERVATEUR IMPARTIAL

BOURGES

IMPRIMERIE ET LITHOGRAPHIE A. JOLLET

2. RUE DES ARMURIERS, 2

—

1874

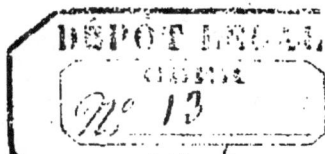

LA LOI ÉLECTORALE

La nation française se divise en deux classes dont les intérêts sont distincts. La classe riche ou bourgeoise et la classe ouvrière ou le peuple.

Le régime censitaire donnait le pouvoir exclusivement à la bourgeoisie. Elle en profita pour se soustraire, autant que possible, aux charges publiques. Ainsi, la plus lourde, le service militaire, par la loi sur le remplacement, pesait uniquement sur le peuple.

Le suffrage universel donne la direction des affaires à la classe la plus nombreuse, au peuple, qui voudrait également s'exempter de toutes les charges publiques, en abolissant le service militaire, et en faisant peser entièrement l'impôt sur la bourgeoisie au moyen de l'impôt progressif.

Dans les premières années de l'Empire, les bourgeois, appuyés par un gouvernement despotique, obligeaient, par divers moyens de séduction ou d'intimidation, les ouvriers placés sous leur dépendance, à voter pour le candidat de leur choix. Mais lorsque l'Empereur eut accordé la liberté de la presse et le droit de réunion, l'influence des patrons sur leurs ouvriers diminua rapidement. De vulgaires ambitieux organisèrent des comités et des journaux, dont le but était de rechercher et de promettre au peuple tout ce qui pouvait le séduire dans ses intérêts, ses passions, ses instincts et ses haines. L'entente fut bientôt faite entre les ouvriers des villes. Une seule réunion publique suffisait pour leur prouver qu'ils étaient la force puisqu'ils étaient le nombre.

Le travail d'indépendance se produit plus lentement dans les campagnes. Les propriétaires ou fermiers ont des rapports plus intimes avec leurs ouvriers, et ils exercent sur eux une influence plus directe. Les paysans lisent peu de journaux et n'ont pas de réunions publiques, et cependant, plus nous avançons, et moins ils sont soumis aux conseils de leurs maîtres. Les anciens, par habitude ou par attachement, acceptent encore un bulletin de leurs mains, mais les jeunes gens sont déjà presqu'aussi indépendants que les ouvriers des villes.

A la fin de son règne, l'Empereur sentait qu'il ne serait bientôt plus maître du suffrage universel, et ce doit être pour nous une terrible leçon que cette lutte sinistre où il se trouva engagé. D'un côté la Prusse, de l'autre le radicalisme.

Il savait que la Prusse faisait contre nous des armements formidables. Les avertissements ne lui ont pas manqué. Il sentait bien qu'il fallait augmenter les forces militaires, et il fit voter le projet de loi du maréchal Niel ; mais par crainte des radicaux, il n'osa pas le faire exécuter.

Il voulut retremper son autorité dans un plébiscite. 7,500,000 suffrages lui prouvèrent que sa popularité personnelle était encore grande. Mais les mêmes ouvriers, qui par amour de l'ordre votaient pour l'Empire, et qui ne comprenaient pas l'inconséquence de leurs votes dans les élections partielles, nommaient les candidats radicaux qui représentaient leurs intérêts ou leurs haines.

L'Empereur se trouva en but aux provocations de la Prusse avant d'avoir osé se préparer à la lutte, et la guerre éclata.

A l'un des moments les plus critiques de la campagne, il fut plus particulièrement placé par la force des événements, entre les Prussiens et les radicaux. C'était à Châlons. Le maréchal de Mac-Mahon avait reformé son armée et voulait se diriger sur Paris. Mais les ministres écrivaient à l'Empereur que si l'armée reculait, ils ne répondaient plus du peuple. Il redoutait encore moins les armées prussiennes, et il donna l'ordre de marcher en avant. Cet ordre fatal devait amener la catastrophe de Sedan.

Si l'Empereur avait été un souverain héréditaire, mais non pas issu du suffrage universel, la guerre se serait terminée à Sedan, ainsi que la guerre d'Autriche à Sadowa. Il ne devait pas en être

ainsi. Le radicalisme avait poussé l'Empire à sa
ruine ; ses chefs, malgré la situation désespérée,
s'emparèrent du pouvoir. L'agonie fut digne d'une
grande nation. Après la prise de Paris, les radicaux furent contraints de faire élire une Chambre.
Le peuple, consterné par nos désastres, nomma
l'Assemblée la plus patriotique. Mais le radicalisme n'avait pas dit son dernier mot, et la lutte
sanglante de la Commune devait combler la mesure de nos malheurs.

La perte de deux provinces et de 5 milliards,
l'incendie de nos monuments historiques, tant de
maux et tant de ruines, voilà ce que la France
doit au suffrage universel, puisque sous lui,
l'Empereur, n'ayant pas à redouter le radicalisme,
n'aurait eu à lutter que contre la Prusse seule.

Et qu'on ne pense pas que cette terrible leçon
ait instruit le peuple, car presque toutes les der-
nières élections sont autant de succès pour les
radicaux.

Je ne suis pas de ceux que le spectre rouge
effraye. Il y a au cœur de la nation un trop vif
sentiment de l'honneur et de la justice. Et cependant pour tout homme qui souffre, qui nourrit
avec peine sa famille par un travail incessant,
pour qui la vieillesse est pleine de menaces,
quelle tentation, lorsque des promesses criminelles font miroiter devant ses yeux l'espoir d'une
richesse presque légale.

Je ne ferai pas à la France l'injure de m'arrêter

à cette sinistre hypothèse, non, je n'ai pas cette crainte.

Mais, lorsqu'on vient dire au père de famille qui a besoin de son fils, que le service militaire est inutile, qu'il est absurde de passer cinq ans à l'armée, qu'on peut bien apprendre le métier des armes en s'exerçant dans sa commune, et que le jour du danger chacun partira pour défendre la patrie, quelle séduction pour cet homme ! Il est naturel qu'il ignore les règles de l'art militaire, il croit que pour vaincre il suffit d'être brave, et il donnera sa voix au candidat qui lui fait cette promesse. Rien dans sa conscience ne l'avertit combien ces raisonnements qui le séduisent sont absurdes et dangereux.

Et puis, lorsqu'on lui dira que lui, qui ne possède rien, ne doit rien payer des charges de l'Etat, l'impôt progressif lui semblera juste, et il lui faudrait une science économique dont il ne se doute même pas pour comprendre que ce serait la ruine de la nation.

Donc l'intérêt personnel engage le peuple à nommer le candidat radical qui lui promet tout ce qui peut le séduire.

Et qu'on ne dise pas qu'en agissant ainsi le peuple n'est pas honnête et fait preuve de décadence.

Sous l'ancien régime, la noblesse tenait à ses priviléges qui opprimaient la bourgeoisie et le peuple.

Sous le gouvernement de Juillet, la bourgeoisie sacrifiait les intérêts du peuple aux siens.

Pourquoi demander plus d'impartialité au peuple qu'à la noblesse et à la bourgeoisie. Le suffrage universel lui donne le pouvoir. Il est naturel qu'il veuille en profiter, et cela lui semble juste.

Qu'on ne s'y trompe pas, toute modification apportée au suffrage universel, soit qu'on le mette à deux degrés, soit qu'on impose des conditions d'âge et de domicile, ne changera rien au résultat, car la plus grande masse des électeurs sera toujours la classe ouvrière.

La plupart des modifications qui ont été proposées sont arbitraires. Une loi fondamentale comme la loi électorale ne doit rien contenir d'arbitraire, et tout citoyen qui serait privé du droit d'électeur par une mesure que rien, ni dans sa conscience, ni dans sa raison ne justifierait, croirait avoir le droit de se révolter contre la loi.

Dans le but d'éloigner du scrutin un grand nombre d'ouvriers, on voudrait imposer plusieurs années de domicile à tout électeur. Cette mesure manquerait certainement son but dans les centres d'ouvriers où la majorité des résidents est radicale, et partout ailleurs elle enlèverait le droit de vote à une quantité considérable de domestiques et d'employés, qui sont vis-à-vis de leurs maîtres dans une dépendance telle, qu'ils sont presque obligés de voter pour le candidat de leur choix.

En général, la durée du loyer pour la classe ouvrière est de une année. On comprendrait que la
loi exigeât cette année de résidence comme preuve
de moralité, et pour donner à l'électeur le temps
de connaître les intérêts de la localité. Mais en
exigeant plusieurs années de domicile, la loi
serait arbitraire, et ne donnerait pas un résultat
plus conservateur.

Certains esprits croient qu'avec un gouvernement ferme, des préfets à poigne et des maires
choisis par le chef de l'État, parmi les hommes
les plus énergiques, on pourrait encore faire
réussir les candidatures officielles.

Ce système d'intimidation ne peut pas servir de
base à un gouvernement libéral. Il est plus que
douteux qu'il puisse encore réussir. Ce ne sont
plus les ouvriers qui craignent l'autorité, mais
l'autorité qui redoute les ouvriers, et bien des
maires, qui jadis pouvaient imposer le candidat
officiel, n'osent plus s'adresser directement aux
mêmes électeurs, et parfois ne peuvent pas trouver d'agents électoraux, tellement ceux-ci crain-
draient d'être traités en faux-frères.

Il ne faudrait pas croire non plus, qu'en orga-
nisant des comités conservateurs, on serait assuré
de vaincre le radicalisme. La formation de ces
comités est très-difficile par suite de la division
du parti conservateur en royalistes, bonapartistes
et républicains. Cependant il en existe dans
certains départements. Mais à côté du comité

conservateur , exclusivement composé de bourgeois, il en existe un radical formé en grande
partie d'ouvriers. Il est naturel que le peuple pré-
fère le candidat adopté par ces derniers. J'ai
connu un excellent ouvrier, très-honnête, qui dit
en voyant la propagande active faite par les membres d'un comité conservateur, en faveur de leur
candidat : « Puisque les bourgeois se remuent
tant pour Monsieur***, ce n'est pas notre homme.»
Et il vota pour le candidat radical qui, d'ailleurs,
ne lui était pas sympathique. Tel fut l'effet produit par le comité conservateur sur cet ouvrier et
sur bien d'autres.

Plusieurs conservateurs espèrent que le vote
par arrondissement leur serait plus favorable. Ils
appuient leur espérance sur ce fait, que même
dans les départements dont les députés sont radicaux, plusieurs élections de conseillers généraux
sont conservatrices. Mais les électeurs connaissent
parfaitement la différence qui existe entre les
fonctions de députés et celles de conseiller général. Les députés pouvant modifier les lois, les ouvriers ont tout intérêt à nommer les candidats
radicaux qui leur promettent d'en faire exclusivement dans l'intérêt du peuple. Les conseillers
généraux ne peuvent pas modifier les lois, et les
paysans les considèrent comme les intermédiaires
entre eux et les agents de l'autorité. Les radicaux
n'ayant aucune influence auprès de ces agents,
ils ont donc tout intérêt à nommer des conserva-

teurs qui pourront mieux appuyer leurs demandes et leurs réclamations.

Le peuple ayant tout intérêt à nommer des députés radicaux, et la bourgeoisie n'ayant aucun moyen certain pour lutter, il est probable que les prochaines élections donneront une Chambre radicale. Il est donc impossible, dans la situation politique où se trouve actuellement la France, de fonder un gouvernement libéral sur le suffrage universel.

Par gouvernement libéral, j'entends un gouvernement aussi juste et impartial que possible, protégeant également tous les droits et tous les intérêts de chaque classe de la société. La triste expérience des événements de notre siècle nous démontre que pour être stable, le gouvernement ne doit pas s'appuyer exclusivement sur une seule classe sociale.

En effet. Les priviléges de la noblesse ont été la cause de la révolution de 1789.

Le despotisme militaire a fait subir à la France les désastres de 1815.

Le régime censitaire et les priviléges de la bourgeoisie ont causé la révolution de 1848.

Le suffrage universel et l'influence des masses ignorantes nous ont conduits aux désastres de 1870.

Un fait digne de remarque est que l'admirable organisation des grands corps de l'Etat, telle qu'elle est sortie de la révolution de 1789, a résisté à tous les désastres et à toutes les révolutions. L'armée écrasée par le nombre se relève sous la discipline la plus sévère. La magistrature défie dans son intégrité toute comparaison avec celles des autres nations. Le dévouement des corps religieux est légendaire ; l'exactitude la plus rigoureuse règne dans toutes les administrations.

On peut croire qu'on assurerait la stabilité du gouvernement en lui donnant pour base les principes sur lesquels repose l'organisation de ces divers corps.

Or, le principe fondamental admis par tout le monde, tellement il est juste, est le principe de l'égalité.

Tous les citoyens, quel que soit leur fortune ou leur naissance, doivent avoir des droits égaux à toutes les fonctions publiques, *s'ils sont capables et dignes de les remplir.*

C'est grâce à ce principe que l'armée, par exemple, est restée fidèle à l'ordre. Si les grades avaient été donnés à la naissance ou à la fortune, les troupes auraient certainement suivi la nation dans sa lutte contre les priviléges. Il serait absurde de conclure du principe d'égalité que tous les militaires ont des droits égaux à tous les grades, quand bien même ils seraient incapables d'en remplir les fonctions.

Il n'est pas moins dangereux d'accorder à tous

les citoyens la fonction d'électeur, même lorsqu'ils sont incapables de la remplir avec discernement.

La loi électorale doit donc avoir pour tous le principe de l'égalité, tel qu'il est appliqué dans l'organisation des grands corps de l'Etat.

Dans chacun de ces corps on exige des preuves de science déterminées. Il serait impossible d'exiger de même de tout citoyen qui voudrait être électeur, de prouver qu'il est suffisamment instruit en le soumettant à certaines épreuves. Mais par cela seul qu'un homme occupe une position quelconque par son mérite personnel, il fait preuve d'intelligence, d'instruction ou d'expérience, et le droit d'électeur doit lui être donné, s'il en est digne par son honnêteté.

Les diverses positions peuvent se diviser en trois grandes classes.

Seraient électeurs : 1º tous les citoyens ayant un grade, titre, brevet ou diplôme quelconque.

Ce seraient par exemple tous les fonctionnaires et employés de l'Etat, les anciens officiers et sous-officiers de l'armée active et de la marine; les officiers et sous-officiers de la réserve; les membres du clergé; les citoyens ayant obtenu un diplôme quelconque; les élèves des écoles de l'Etat, du commerce, de l'industrie et de l'agriculture; les élèves des écoles des Beaux-Arts et du Conservatoire; les artistes admis au salon; les membres de la Légion-d'Honneur et médaillés de toutes sortes, etc., etc.

2° Tous les citoyens ayant obtenu une position quelconque par le suffrage de leurs concitoyens.

Ce seraient les conseillers municipaux et généraux, etc., etc.

Ces derniers peuvent être considérés comme des électeurs du deuxième degré.

3° Tous les hommes occupés dans les affaires : les industriels, commerçants, agriculteurs, fermiers ou propriétaires exploitant eux-mêmes leurs terres, et tous leurs employés non soumis à la domesticité.

Le choix de ces électeurs serait soumis aux règles du régime censitaire, avec cette différence que, pour être électeur, il ne suffirait pas d'être propriétaire, ce qui n'est pas une preuve d'intelligence, mais il faudrait être personnellement occupé dans les affaires.

Avec un collège électoral ainsi composé, ce ne serait plus une seule classe sociale qui nommerait l'Assemblée, mais bien toute la partie intelligente de la nation. Et tous les intérêts se trouveraient représentés ; il est facile de s'assurer, en effet, en examinant ces différentes classes d'électeurs, que chacune d'elles en comprendrait tout autant appartenant au peuple par leur naissance qu'à la bourgeoisie.

Il existe chez un grand nombre de bourgeois un préjugé qui consiste à regarder les hommes intelligents comme leurs ennemis politiques. Cette

erreur provient de ce que, sous le gouvernement
de Juillet, la bourgeoisie, ne voulant pas admettre
dans le monde politique les hommes les plus intelligents et les plus honnêtes s'ils n'étaient pas
riches, ceux-ci ont tout naturellement lutté contre les lois injustes qui les tenaient à l'écart; mais
il serait absurde d'en conclure aujourd'hui que
les hommes intelligents sont dangereux, et qu'ils
ne feraient pas tout leur possible pour amener la
grandeur et la stabilité des institutions.

On prétend que l'égoïsme bourgeois n'a pas
seul des préventions contre l'intelligence, et que,
certains philosophes ayant essayé de lutter contre
les règles du catholicisme en s'appuyant sur la
raison, aujourd'hui encore il existe quelques ca-
tholiques qui, par crainte de ces égarements, re-
doutent l'intelligence. Non, le christianisme n'a
pas de ces craintes, et le principe de l'égalité doit
d'autant plus servir de base aux institutions de la
France qu'il est un principe chrétien.

En dehors de la classe ouvrière qui est radicale
par intérêt, un certain nombre de citoyens sont
radicaux, beaucoup par ambition, quelques-uns
par jalousie contre les classes supérieures, le plus
grand nombre par entraînement. Avec le suffrage
universel, la force est au radicalisme, et ils se
laissent aller du côté le plus fort.

Mais si la partie intelligente de la nation avait
seule le droit de nommer les députés, tous les
citoyens qui, par ambition ou entraînement sont

radicaux se tourneraient forcément vers les idées libérales.

On espère qu'en conservant le suffrage universel et en établissant des lois constitutionnelles conservatrices, on assurerait la stabilité du gouvernement. Il est cependant peu probable qu'une Chambre radicale respecterait ces lois et n'essayerait pas de les changer.

Un gouvernement ne peut exister qu'autant que l'accord sera possible entre l'Assemblée nationale et le Sénat. Les divers partis conservateurs s'entendent à peu près sur la composition de la Chambre haute. Elle devrait comprendre tous les hommes les plus éminents de l'Église, la justice, l'armée, l'administration, l'instruction publique, les sciences, les lettres, les arts, l'industrie, le commerce et l'agriculture. Il est bien évident qu'entre un Sénat comprenant l'aristocratie intellectuelle et une Assemblée radicale représentant les intérêts de la classe la plus nombreuse, mais aussi la plus ignorante, l'accord serait impossible. On voudrait trouver un remède à cette situation en donnant le droit de dissolution au chef de l'État ou au Sénat. Mais l'expérience démontre que les seconds tours de scrutin sont presque toujours plus radicaux que les premiers. Il est facile de comprendre que les ouvriers qui, par intimidation n'ont pas osé voter pour le candidat radical au premier tour, votent pour lui au second, lorsqu'ils croient qu'ils seront les plus forts. Il est donc probable que la Chambre réélue serait aussi radicale que celle qui aurait été dissoute. Le gouvernement deviendrait impossible, et personne ne peut prévoir quelles en seraient les conséquences.

Je crois, au contraire, que l'accord se ferait facilement entre le Sénat et une Assemblée élue par toute la partie intelligente de la nation. Le pays, rassuré dans son avenir, reprendrait confiance, et le malaise qui torture les esprits disparaîtrait. Ce malaise tient surtout à l'incertitude constante où se trouve chaque conservateur, qui se demande avec effroi si les élections suivantes ne seront pas radicales. On sent bien qu'avec le suffrage universel le radicalisme a des chances de triompher, mais on craint de le supprimer, car on redoute la révolte des mécontents.

C'est là un cercle vicieux qui étreint la nation, et qu'il faut rompre.

Pour enlever tout prétexte de révolte, la loi électorale doit être parfaitement juste et éviter la moindre apparence de privilége ou de partialité.

Certains esprits prétendent que la fortune doit donner le droit d'électeur, parce que celui qui paie l'impôt doit pouvoir nommer les députés chargés de le voter. Ce raisonnement n'est pas juste, parce qu'une partie de l'impôt directe et la plus grande masse de l'impôt indirect sont payés par la classe ouvrière. Il serait facile de prouver que les charges publiques pèsent plus durement sur les ouvriers que sur les gens riches, et d'en conclure qu'il est injuste de croire que la fortune puisse donner des droits politiques.

La nation n'a rien à craindre des citoyens qui, malgré leur fortune, n'auraient pas su se créer une position suffisante pour être électeurs, et, par un sentiment très-naturel, lorsque les ouvriers verraient des gens riches ne pas être électeurs, ils ne seraient pas froissés dans leur amour-propre, et la loi leur semblerait juste lorsqu'il leur serait prouvé qu'elle ne donne de privilége à personne.

Un homme de cœur n'admettra jamais qu'il soit juste de le priver d'un droit politique accordé à un citoyen souvent moins honnête et moins intelligent que lui, pour cette seule raison que ce citoyen possède plus d'argent. Mais, par contre, l'esprit le plus susceptible n'aurait pas le droit de se plaindre si la fonction d'électeur étant donnée au mérite personnel, il n'avait pas su l'acquérir.

Et, on peut bien le dire, un grand nombre d'ouvriers verraient supprimer le suffrage universel sans se plaindre, leur rôle dans les élections n'a rien qui les séduise. Ils ne connaissent parfois ni les noms ni les idées des candidats, et le choix leur est bien indifférent. Ils sont tiraillés entre les menaces et les promesses des différents partis. Les uns votent par crainte, les autres par complaisance. Les plus fiers s'abstiennent souvent. Je connais des paysans qui, fatigués du rôle ridicule qu'on leur faisait jouer dans les élections, ont déclaré qu'ils ne voulaient plus aller voter.

Que la loi leur donne le droit de participer à la nomination des conseillers municipaux et généraux, ils seront satisfaits, car là il s'agit de leurs intérêts directs, et ils sentent bien que ce sont les seules élections qu'ils puissent faire avec connaissance de cause.

La partie honnête de la nation verrait supprimer le suffrage universel sans songer à la révolte. Il n'en serait pas de même de ces hommes qui sont une minorité dans le pays, mais qui forment un parti assez nombreux pour n'être pas sans danger. L'anarchie est leur but. Pour satisfaire leurs ambitions criminelles, ils veulent tout détruire, tout renverser. Et dans les jours de révolutions on les a vu faire frémir la nation sous la terreur qu'ils inspiraient. Certes, ces hommes-là ne veulent pas qu'on supprime le suffrage universel. Mais la société n'a pas seulement le droit, elle a le *devoir* d'arracher de leurs mains criminelles une arme si dangereuse.

J'ai déjà cité l'exemple de l'armée, j'insisterai sur ce fait : Des milliers d'hommes réunis, tous armés, n'ayant pas de plus vif désir que celui de rentrer dans leurs foyers, ne songent même pas à la révolte, parce que la loi militaire qui les régit est impartiale, et qu'ils la trouvent juste. Il n'y aurait pas à craindre plus de révolte parmi les citoyens qui sont isolés et sans armes, si la loi

électorale était aussi juste et impartiale que la
loi militaire.

Si le suffrage universel était supprimé, le radicalisme serait vaincu, et la France, rassurée dans
son avenir, confiante dans la stabilité et la grandeur de ses institutions, aurait bientôt repris sa
place en Europe.

Les institutions ne pourront être grandes et
stables qu'autant qu'elles reposeront sur des principes admis par tout le monde, appliqués sans arbitraire ni sans priviléges, sans esprit de parti ou
d'ambition personnelle.

Le régime censitaire, qui repose sur l'intérêt
égoïste des classes riches est injuste et ne peut
convenir au caractère élevé de la nation.

Le suffrage universel donne pour base au gouvernement les passions aveugles des masses ignorantes. Le peuple est capable des plus grandes
choses, mais aussi des pires. Quelle stabilité est-il
possible d'en espérer?

Mais en donnant pour base à nos institutions le
principe de l'égalité, tel qu'il est appliqué dans le
clergé, la magistrature, l'armée et les diverses
administrations, le gouvernement pourrait être
grand et stable, parce qu'il reposerait sur la justice, l'intelligence et l'honneur.

www.ingramcontent.com/pod-product-compliance
Lightning Source LLC
Chambersburg PA
CBHW060712280326
41933CB00012B/2408